ALLES FÜR DIE KATZe

Uli Stein
by CHEEKYMOUSE

LAPPAN

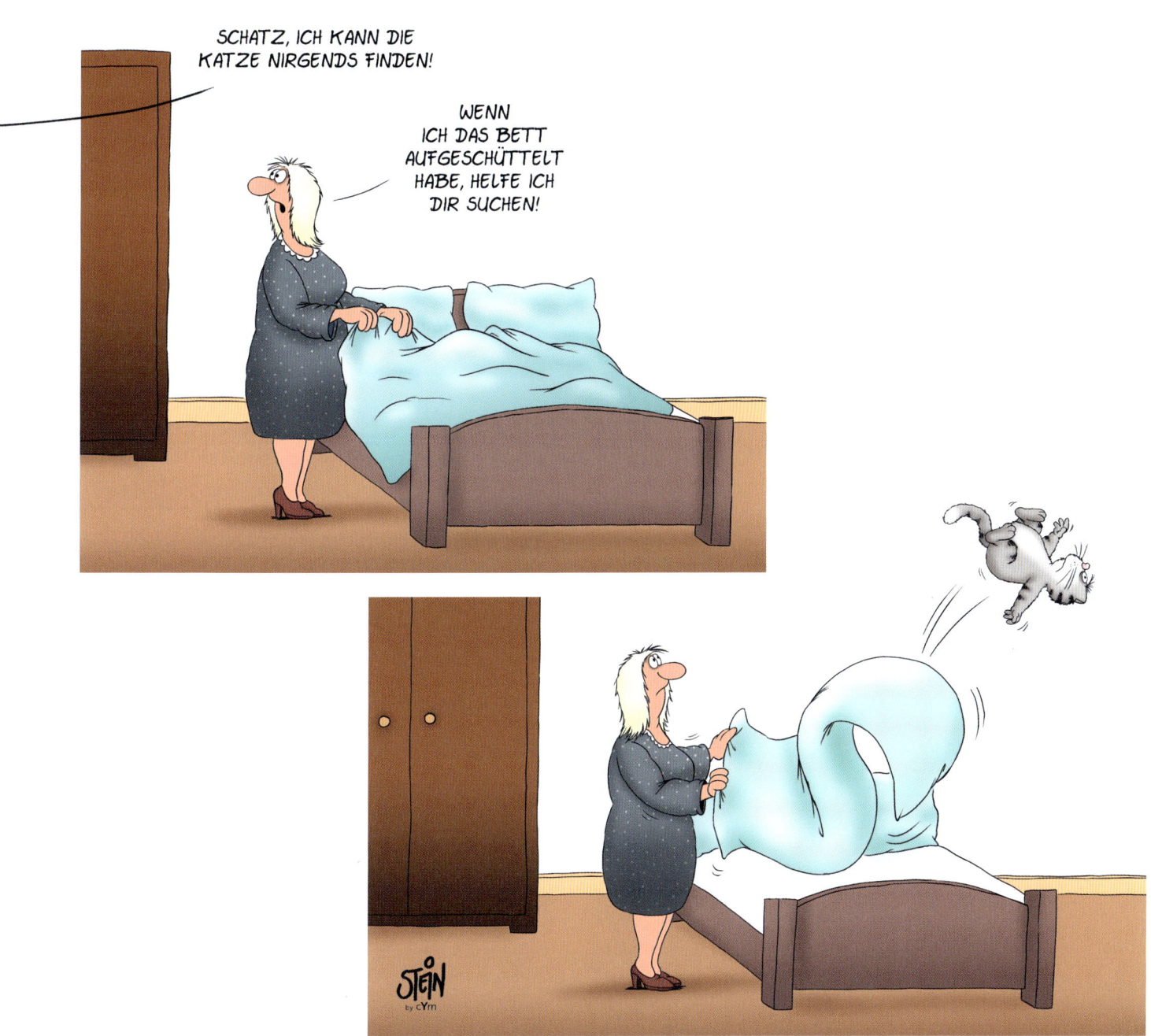

Uli Stein, (1946 – 2020) **war der erfolgreichste und bekannteste Cartoonist Deutschlands.**

Allein im deutschsprachigen Raum sind über 14 Millionen Cartoonbücher von Uli Stein verkauft worden. Er hat damit nachhaltig die Cartoonszene geprägt.

Im Mittelpunkt seines künstlerischen Schaffens standen immer wieder Tiere, vor allem Hunde, die er leidenschaftlich liebte.

2018 gründete er die „Uli-Stein-Stiftung für Tiere in Not", die sich dem Tierschutz im In- und Ausland verschrieben hat und seine Anliegen weiterführt.

Neue Cartoons von Uli Stein by CheekYmouse!
Freuen Sie sich auf neue Uli-Stein-Cartoons – auf Humor in Bestform!

3. Auflage 2025

© 2024 Lappan Verlag in der Carlsen Verlag GmbH, Völckersstr. 14–20, 22765 Hamburg

ISBN 978-3-8303-3679-2

Mit Fragen zur Produktsicherheit wenden Sie sich bitte an: carlsen.de/kontakt

Redaktion und Herstellung: Ulrike Boekhoff

Uli Stein im Internet: **ulistein.de**

FOLLOW US!
facebook.com/lappanverlag
Instagram.com/lappanverlag

LAPPAN.DE
LAPPANKALENDER.DE

ISBN 978-3-8303-3638-9

ISBN 978-3-8303-3703-4

ISBN 978-3-8303-3722-5

ISBN 978-3-8303-4520-6

ISBN 978-3-8303-4527-5

ISBN 978-3-8303-4528-2

ISBN 978-3-8303-3584-9

ISBN 978-3-8303-4540-4

ISBN 978-3-8303-4560-2

ISBN 978-3-8303-3695-1

Bücher und
Kalender von

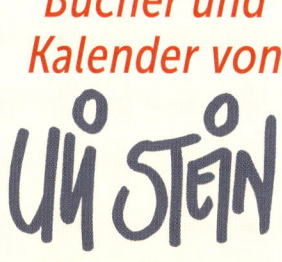

lappan.de